AF264274

L 27
n. 10036.

M. HYDE DE NEUVILLE

PAR

M. H. DE VATIMESNIL

Extrait du CORRESPONDANT.

PARIS

CHARLES DOUNIOL, LIBRAIRE-ÉDITEUR

29, RUE DE TOURNON, 29.

1857

PARIS. — IMPRIMERIE DE SIMON RAÇON ET COMP., RUE D'ERFURTH, 1.

M. HYDE DE NEUVILLE

La tombe vient de se fermer sur un illustre vétéran de la fidélité. Aux émotions douloureuses causées par cette perte doit succéder l'étude attentive d'un des caractères les plus nobles de notre époque.

Les hommes ordinaires ont, comme on l'a dit souvent, les défauts de leurs qualités. Ainsi presque toujours la bonté descend jusqu'à la faiblesse, et l'énergie est hérissée d'âpreté. Mais on n'est un personnage complet qu'à condition d'échapper, par un heureux privilége, à l'affinité qui semble, à ce point de vue, exister entre le mal et le bien.

Qu'on se représente un homme qui, dans le cours d'une longue vie, n'aura pas dévié un seul instant de ses convictions religieuses et politiques, les aura prises pour règles invariables de ses actions et de ses paroles, les aura soutenues, à travers mille dangers, par des faits multipliés de dévouement et de courage, et qui, pourtant, malgré cette inflexibilité de principes et cette fermeté d'âme, se sera montré constamment bienveillant jusqu'à l'effusion, et obligeant jusqu'à l'abnégation de lui-même, non-seulement envers ses amis et envers les pauvres, mais même envers ses adversaires politiques ; chacun dira, en considérant cet ensemble : Voilà une belle et touchante figure ; mais est-ce une figure réelle ?

Eh bien, oui, elle est réelle ; ce n'est pas là de l'idéal ; c'est l'ami que nous pleurons, c'est le vénérable M. Hyde de Neuville ; il réunissait ces vertus qui, en général, semblent s'exclure. Il marchait, en ligne droite, dans la voie que sa conscience avait choisie ; mais il ne cessa jamais de tendre une main affectueuse à ceux qui suivaient une direction différente, pourvu que leur honneur fût resté intact.

Notre vie tout entière dépend souvent de nos traditions de famille et de nos premières impressions. M. Hyde de Neuville en est un remarquable exemple.

Sa famille, d'origine anglaise, avait tout sacrifié pour la cause des Stuarts. Après la bataille de Culloden, son grand-père et son père vinrent s'établir dans le Nivernais. Sa mère, restée veuve après un petit nombre d'années de mariage, s'occupa avec la plus vive sollicitude de l'éducation de ses enfants. Elle était ornée de toutes les vertus chrétiennes; elle avait un esprit élevé et courageux ; elle concourut puissamment à développer, dans le cœur de son fils les sentiments religieux, monarchiques et chevaleresques, qui l'ont guidé dans sa carrière. Il avait pour elle une tendresse sans bornes. Le souvenir de cette excellente femme fut en quelque sorte un appui providentiel, qui le soutint dans les épreuves auxquelles il fut soumis par les événements.

M. Hyde de Neuville, né le 24 janvier 1776, sortait à peine de l'enfance au moment où la Révolution éclata; mais son intelligence et sa raison avaient une rare maturité.

Le cri de liberté retentissait de toutes parts. Le cœur généreux de ce noble jeune homme aurait été facilement ému par le sentiment de la vraie liberté, qui lui était, et qui continua, pendant toute son existence, de lui être chère; mais il avait un discernement prompt et sûr ; il jugeait les choses par intuition, et les jugeait bien, parce qu'à un esprit sain il joignait une conscience droite. Ce que les esprits vulgaires saluaient du nom de liberté n'en était, à ses yeux, que l'image trompeuse. Il comprenait qu'un peuple n'est pas libre, par cela seul qu'il a écrit sur un papier des maximes revêtues d'une emphase philosophique; qu'il faut en outre que la liberté repose sur des bases solides, qu'elle soit obtenue par des moyens dont la morale publique n'ait pas à rougir, et qu'elle soit armée de la force nécessaire pour se défendre contre la licence, sa fausse sœur ou plutôt sa mortelle ennemie. Le jeune Hyde de Neuville n'apercevait aucune de ces conditions dans le mouvement révolutionnaire.

Il ne reconnaissait de bases réelles de la liberté que le sentiment religieux et le droit traditionnel de la France. Il n'y a pas, disait-il, de liberté sans esprit de sacrifice, et pas d'esprit de sacrifice sans religion. Il n'y a pas non plus de liberté solide et durable, si, au sommet de l'ordre social, ne domine pas un principe incontesté, dont l'existence forme obstacle aux factions et aux projets ambitieux. Ce n'est pas, d'ailleurs, une vraie liberté que celle qui s'inaugure par la violence et le meurtre ; l'idée de liberté est inséparable de celle du droit d'autrui et de la sûreté de tous. Enfin il n'y a que de la dérision dans une prétendue liberté qui laisse la puissance publique sans force contre les démagogues.

Avec ces idées si justes, M. Hyde de Neuville ne pouvait donner son adhésion à un régime qui opprimait la conscience religieuse, dégradait le trône, ravissait au monarque la liberté, non-seulement de ses résolutions, mais encore de sa personne et de sa famille, immolait autour de lui ses serviteurs les plus dévoués, et ne lui attribuait qu'un vain fantôme de pouvoir exécutif, prétexte d'accusations futures.

M. Hyde de Neuville fut donc, dès la première heure, et a toujours été depuis, l'adversaire de la révolution. Il ne fut pas dupe d'une équivoque qui subsiste encore aujourd'hui, et qui consiste à confondre des principes abstraits d'ordre, de liberté et d'égalité devant la loi, qu'aucun esprit sensé ne conteste, avec la malheureuse organisation politique à laquelle, en 1791, on avait tenté de les rattacher.

Cependant M. Hyde de Neuville se trouvait mêlé à la jeunesse de cette époque. Sa nature expansive le rendait cher à ses compagnons d'étude ; il combattait leurs erreurs avec une franchise exempte d'amertume, qui ajoutait à leur estime sans diminuer leur affection. Ce contact contribua à développer en lui l'esprit d'indulgence et de conciliation. Mais le jeune étudiant prouva dès lors que sa facilité à l'égard des personnes n'atténuait en rien la fermeté de ses doctrines. Il avait pour professeur de rhétorique un prêtre vertueux et savant. Ce digne ecclésiastique refuse le serment à la Constitution civile du clergé. Il est immédiatement remplacé par un prêtre assermenté. Au moment où celui-ci arrive dans la classe, Hyde de Neuville se lève et déclare hautement, en présence de tous ses camarades, qu'il ne peut suivre les leçons d'un homme qui a désobéi à l'Église. Il sort aussitôt, se rend auprès du maître resté fidèle à ses devoirs, et continue d'étudier sous sa vénérable direction.

Un autre trait mérite de trouver place ici. Vers la même époque, la famille royale était aux Tuileries dans une sorte de captivité. Les gens qui la gardaient à vue permettaient à la reine et à madame Élisabeth de sortir en voiture, mais rigoureusement escortées. M. Hyde de Neuville tâchait de se trouver sur leurs pas, pour leur donner des marques d'une respectueuse sympathie. Un jour qu'elles étaient au Jardin des plantes, il s'approche de la voiture. La reine est frappée de l'indéfinissable expression de dévouement et de douleur qui se peint sur ce jeune visage. Elle s'écrie avec attendrissement et de manière à être entendue : « Voilà un bon jeune homme. » Ces paroles restèrent gravées dans l'âme de M. Hyde de Neuville ; elles furent sans cesse présentes à sa mémoire. Dans la suite de sa vie, deux figures, en quelque sorte célestes, la reine et sa mère, se sont toujours posées devant lui pour fortifier ses sentiments nobles et courageux.

Un peu plus tard, le procès de Louis XVI commença. M. Hyde de Neuville en suivait les débats avec une affreuse anxiété. Réuni à quelques hommes dévoués comme lui, il servait d'escorte à Malsherbes. Le vertueux et illustre conseil de l'auguste accusé quitta pour la dernière fois la barre de la Convention, appuyé sur le bras de M. Hyde de Neuville.

Quand le crime fut consommé, le séjour de Paris devint insupportable au jeune Hyde de Neuville. Il se retira auprès de sa mère dans le département de la Nièvre.

Là s'offrirent à lui de nouvelles occasions de signaler son courage et son humanité.

Un père de six enfants venait d'être jeté dans les fers, pour avoir proféré quelques paroles contre Robespierre et contre la Montagne : grand crime à cette époque ! Hyde de Neuville se met en route la nuit, réunit à la hâte quelques témoins à décharge, se présente à la barre du tribunal révolutionnaire de Nevers, y improvise, avec une juvénile éloquence, la défense du prisonnier, et excite une telle émotion, que les juges, étonnés eux-mêmes de leur pitié, prononcent l'absolution.

Il avait sauvé la tête d'un accusé ; peu de temps après, il sauva celle de deux condamnés. Lui quatrième enlève de la prison de Villequier un sieur Charles-Louis Ducorps, qui allait monter à l'échafaud pour un prétendu délit contre-révolutionnaire.

Un peu plus tard, il parvient à s'introduire dans la prison de Nevers, auprès d'un autre condamné, le jeune du Broc, qu'il ne connaissait pas. Il lui propose l'échange de leurs vêtements, afin de rendre son évasion possible ; du Broc rejette une offre qui aurait coûté la vie à son libérateur. Hyde de Neuville est vaincu dans ce combat de générosité ; mais il ne se décourage pas : deux jours après il parvient à sauver du Broc, et il lui donne asile dans sa propre famille.

Déjà toutes ces nobles actions et d'autres semblables avaient honoré la vie de M. Hyde de Neuville, et pourtant il n'avait encore que dix-huit ans !

Nous avons insisté sur ses premières années, parce que c'est de cet exercice précoce de la vertu, qu'il est sorti achevé et invariable, comme la statue sort de l'atelier de l'artiste.

On sait ce que M. Hyde de Neuville fut pendant nos troubles civils : un champion ardent, courageux, intelligent, infatigable, de la cause monarchique, et, ce qu'il faut noter, un champion non moins utile pour le prosélytisme que pour l'action. Son caractère estimable, son esprit éclairé, sa parole persuasive, ses manières entraînantes, faisaient de nombreuses recrues et grossissaient les rangs des royalistes. De concert avec le chevalier de Coigny, il avait communiqué ses convictions à plusieurs écrivains distingués. Tous ensemble s'occupaient à composer et à répandre des brochures destinées à combattre les préjugés révolutionnaires.

M. Hyde de Neuville avait associé à sa vie une compagne digne de lui, nature d'élite, réunissant toutes les vertus à tous les dons de l'esprit, enthousiaste de son mari, qui répondait à ses sentiments par la plus pure et la plus vive tendresse. Les deux époux avaient les mêmes idées et les mêmes espérances. Madame Hyde de Neuville n'était pas seulement la dépositaire des pensées de son mari ; c'était une personne de courage et d'action. Aucun obstacle ne l'arrêtait, quand il s'agissait de ses devoirs et de ses affections envers celui pour lequel elle professait une sorte de culte. En 1805, elle traversa l'Allemagne au milieu des armées belligérantes, et se rendit au camp du vainqueur d'Austerlitz, pour obtenir, en faveur de M. Hyde de Neuville, alors réfugié en Suisse, l'autorisation de se rendre aux États-Unis, en passant par la France. Sa démarche réussit ; M. Hyde de Neuville s'embarqua pour l'Amérique et y resta jusqu'à la Restauration.

Il n'y vécut pas dans l'oisiveté. Toujours plein d'ardeur pour le bien et de dévouement envers sa patrie, même au milieu de l'exil, il y fonda, sous le titre de... *Economical school*, une école gratuite destinée spécialement aux enfants des colons de Saint-Domingue, réfugiés en grand nombre aux États-Unis.

Maintenant la scène va changer. Nous avons à parler du rôle de M. Hyde de Neuville pendant la Restauration.

Qu'il nous soit permis ici d'user de la liberté indispensable dans une étude biographique, où personne ne peut s'offenser de trouver des appréciations conformes aux idées de celui auquel elle s'applique et de celui qui l'écrit.

En 1814, une carrière politique nouvelle s'ouvre devant M. Hyde de Neuville.

Ses espérances, que tant de gens qualifiaient de rêve, se sont réalisées.

Il avait souhaité pour sa patrie l'*union* et l'*oubli* : ces paroles sortent d'une bouche auguste.

Il avait conçu l'alliance de la légitimité et de la liberté, l'appui naturel que se prêteraient les vénérables traditions du passé, et ce que les idées modernes offraient de sage et d'applicable : la Charte, en *renouant*, comme le porte son préambule, *la chaîne des temps*, vient donner une forme précise à des images que précédemment il avait entrevues dans le lointain.

L'avenir de cette France qu'il chérit lui semble désormais assuré.

A Dieu ne plaise que nous songions à blesser qui que ce soit, dans ces pages consacrées à un nom qui repousse toute idée de blessure ; mais maintenant qu'on peut envisager au point de vue historique les événements de cette époque, nous oserons dire, sans nous écarter du respect dû à notre pays, qu'il lui manqua une seule chose pour jouir d'un long bonheur : ce fut de comprendre universellement la Restauration comme M. Hyde de Neuville l'avait comprise. La France se trouvait replacée sous le sceptre d'une race qui, pendant huit siècles, avait présidé à la formation de l'unité nationale, à l'agrandissement du territoire et à cette haute civilisation par laquelle notre patrie se trouvait placée à la tête des nations. La puissance de ces glorieuses traditions identifiait les intérêts du peuple avec ceux d'un trône, d'autant plus apte à fonder un système de sage liberté, qu'il était moralement fort de son droit antique. La France était en paix avec le monde entier. Elle avait dans son sein tous les germes de prospérité. Le droit public intérieur, que Louis XVIII venait d'établir, donnait aux assemblées délibérantes un droit de contrôle suffisant, sans entraver l'action de la royauté. La pairie héréditaire réunissait dans un glorieux faisceau les illustrations anciennes et modernes. Elle offrait d'admirables garanties d'ordre, de stabilité, de protection de tous les droits. La chambre élective, investie d'un sérieux et grand pouvoir, était pourtant contenue dans de justes limites. La Charte avait le caractère de concession et non de contrat. Selon M. Hyde de Neuville, cette forme, inconsidérément critiquée par des logiciens étroits, était précisément ce qui en faisait l'excellence. Les contrats, par leur nature même, poussent aux discussions et aux arguties. On dispute tantôt sur la lettre, tantôt sur l'esprit. Ils aboutissent presque fatalement à des résultats contentieux. Ils ne sont admissibles que lorsqu'il y a un juge investi du pouvoir de prononcer sur le débat. La Charte, octroyée par Louis XVIII, en vertu de ses droits traditionnels, avait de meilleures et de plus nobles bases : d'un côté, l'honneur et la foi du monarque, qui l'avait donnée en modifiant les prérogatives antérieures de sa couronne ; de l'autre, la reconnaissance du peuple. Dans cette haute sphère de la politique et de la souveraineté, que peut-il y avoir de réel, sinon ces sentiments respectifs ? Le système contractuel rappetisse le droit public, en le réduisant presque aux mesquines proportions du droit privé. Telle était la conviction de M. Hyde de Neuville, généralement partagée par les amis de la Restauration.

L'auteur de cet article se rappelle une conversation qu'il eut avec M. Royer-Collard, après la révolution de 1830. Cet homme éminent, après avoir analysé, en quelques paroles énergiques, les institutions de 1814, ajouta en serrant la main de son interlocuteur : « Monsieur, c'était tout ce que le pays pouvait porter. »

Oui, c'était tout ce que le pays pouvait porter ; et nous ajouterons que c'était tout ce que raisonnablement il devait désirer. Il n'y avait pas un seul droit légitime qui ne fût protégé, pas une seule amélioration réelle qui ne fût praticable, pas une seule pensée honnête et utile qui n'eût la faculté de se faire jour.

Cependant il existait en France un certain nombre d'hommes qui, alors, demandaient plus, quoique précédemment ils se fussent contentés de beaucoup moins.

Après les grandes crises politiques, on trouve toujours des mécontents, des ambitieux et des esprits systématiques, qui, sans avoir, à beaucoup près, le même symbole, se groupent cependant tous ensemble pour créer autour du gouvernement des embarras, des dangers et des causes de destruction. Ces hommes, lors même qu'ils ne forment qu'une infime minorité, peuvent, à force d'ardeur et de persévérance, atteindre leur but, en excitant les craintes, les jalousies ou les passions des masses ignorantes et crédules. Il se rencontre même parmi eux des habiles qui se mettent, d'une manière hypocrite, en relation avec les dépositaires du pouvoir, pour leur rendre suspects leurs meilleurs amis et leurs appuis les plus utiles.

Nous ne faisons qu'indiquer ce travail souterrain employé pour miner le gouvernement de la Restauration. Les détails seraient immenses et nous éloigneraient de notre sujet. Par le même motif, nous ne parlerons ni de la révolution militaire du mois de mars 1815, ni de la deuxième invasion et des désastres qui l'accompagnèrent, ni des projets de démembrement de la France que les étrangers avaient conçus, et que l'existence de la maison de Bourbon fit avorter. Nous ne voulons nous occuper que des événements dans lesquels M. Hyde de Neuville a été en scène.

Une chambre des députés fut élue immédiatement après le second retour de Louis XVIII. Elle est connue sous le nom de *Chambre introuvable*, que le roi lui avait donné. M. Hyde de Neuville y occupa un rang éminent. Il appartenait à la majorité. Sa parole était, par elle-même, forte et saisissante; et ce qui ajoutait encore à son autorité, c'était le caractère personnel de l'orateur. M. Hyde de Neuville aimait sincèrement le gouvernement représentatif. Tous les hommes distingués de cette époque ont partagé ce sentiment. La France entière le partageait aussi; elle était fière des grandeurs de l'éloquence parlementaire. Les accents de la tribune produisaient dans les âmes des vibrations qui fortifiaient les instincts généreux et imposaient silence aux inclinations grossières, sensuelles, cupides et égoïstes. Les idées ont pu, depuis, prendre un autre cours; nous n'engagerons, à ce sujet, aucune polémique : nous racontons, nous ne discutons pas.

Il y a deux vérités historiques certaines à nos yeux :

La première, que la chambre de 1815 commit des fautes;

Et la seconde, qu'elle ne serait pas tombée dans ces fautes, si le ministère l'eût dirigée avec plus d'habileté.

Il y avait, dans cette assemblée, de l'inexpérience, mais des sentiments d'un ordre élevé. Ces cœurs religieux, monarchiques et désintéressés étaient pleins de nobles fibres, qu'il fallait savoir mettre en mouvement. Elles auraient répondu au tact d'une main qui leur eût été sympathique. On trouva plus simple de dissoudre cette chambre, et de frapper de suspicion les membres qui en composaient la majo-

rité. Ce fut un malheur. S'il se trouve jamais un homme laborieux
qui ait la patience de tirer de la poussière des greffes et de dépouiller
les dossiers des procès politiques de cette époque, il acquerra la conviction que ce fut à dater du 5 septembre 1816 que les projets des
ennemis de la monarchie et l'organisation des sociétés secrètes prirent de la consistance.

La loi d'élection, votée quelques mois après par une nouvelle chambre, fut plus regrettable encore. Selon nous, la loi d'élection politique
aurait dû avoir pour base des institutions communales et départemen-
tales. Ce n'est là qu'une opinion individuelle, et nous n'y insistons
pas. Mais ce qui a été généralement reconnu, c'est que la loi de 1817
avait l'inconvénient grave de placer les destinées du pays entre les
mains d'une population électorale peu nombreuse, et qui se trouvait
précisément dans les conditions où les hommes sont le plus accessi-
bles aux susceptibilités ombrageuses et jalouses. Les amours-propres
blessés ont été la plaie de la Restauration; et ce qu'il y avait de plus
déplorable, c'est qu'ils se blessaient eux-mêmes par des chimères que
leur imagination créait, sans cause extérieure appréciable, et surtout
sans aucun tort imputable au roi ni à son gouvernement.

En 1816, M. Hyde de Neuville fut nommé ambassadeur aux États-
Unis d'Amérique. Il y retrouva les sympathies qu'il avait acquises pendant son premier séjour. Elles contribuèrent au succès de sa mission.
Il concourut à la conclusion d'un traité de commerce avantageux aux
deux nations. En même temps, il soutint avec énergie les intérêts de
la France, attaqués par la prétention, dénuée de fondement, à son avis,
du Trésor américain, à une indemnité de 25 millions, qui pourtant
lui a été accordée depuis la révolution de 1830.

M. Hyde de Neuville avait trouvé, dans l'hôtel de la légation fran-
çaise, un beau portrait de Napoléon, peint par Gérard. Il s'empressa
de l'envoyer au prince *Joseph Bonaparte, comte de Survilliers.* Quelques
personnes ayant blâmé cet acte en présence de Louis XVIII, le roi se
contenta de répondre : « Cela est noble, cela est chevalier, cela est
français, » expressions aussi honorables pour le monarque que pour
son digne serviteur.

M. Hyde de Neuville rendit aux réfugiés politiques tous les bons
offices qui dépendaient de lui. Ce fut sur sa demande que le gouvernement du roi accorda la permission de rentrer en France au général
Lefèvre des Nouettes, qui malheureusement périt dans la traversée.

En 1822, M. Hyde de Neuville accepta l'ambassade de Portugal.
Tout le monde connaît le fait éclatant par lequel, à force de courage,
de présence d'esprit, de fermeté et d'autorité morale, il parvint, malgré l'influence de l'ambassade anglaise, à étouffer une révolte, à conserver au roi Jean VI sa couronne, et à ramener au devoir un jeune

prince qui avait eu le malheur d'oublier un moment qu'il n'était que le premier sujet de son père. Ce fut à cette occasion que le roi de Portugal lui conféra le titre de comte de Bemposta.

Après ces missions diplomatiques, dans lesquelles il avait si dignement représenté la France, M. Hyde de Neuville vint siéger à la chambre des députés, où ses concitoyens l'avaient réélu dès 1821. Sa considération s'accroissait chaque jour. Sa voix s'élevait en faveur de toutes les pensées généreuses. La franchise est d'autant plus habile, qu'elle n'aspire pas à l'être ; c'était l'habileté de M. Hyde de Neuville. Il savait combattre nettement les idées contraires aux siennes, sans jamais blesser les personnes. Aussi l'estime générale l'environnait-elle. On pouvait, lorsqu'il montait à la tribune, se souvenir de ces vers si connus :

> Soudain Potier se lève et demande audience ;
> Sa rigide vertu faisait son éloquence.
>
> . . . .
>
> Potier fut toujours juste, et pourtant respecté.

Cependant le temps avait marché ; des complications intérieures étaient survenues ; elles menaçaient cette monarchie, d'autant plus chère à M. Hyde de Neuville, que ses destinées lui paraissaient inséparablement unies à celles de l'ordre, de la liberté et de la grandeur de la France.

Des élections significatives avaient déterminé la retraite d'un ministère qui, après avoir, pendant une existence de six années, fait beaucoup de choses utiles, venait pourtant de succomber sous le poids de défiances peu justifiées.

Un nouveau ministère fut composé dans ces circonstances difficiles. Un illustre orateur lui a donné son nom ; il est connu sous le nom de *ministère Martignac*, bien qu'il n'y eût pas de président du conseil. M. Hyde de Neuville fut un des membres de ce cabinet. L'auteur du présent article a eu l'honneur de siéger à côté de cet excellent homme, avec de dignes collègues que la mort a presque tous frappés. Chacun d'eux mériterait une mention séparée ; mais il n'est pas possible de parler ici de ce ministère qu'en le prenant dans son ensemble ; autrement on s'égarerait dans des détails individuels.

C'est un témoin qui tient ici la plume ; il ne s'en servira qu'à ce titre ; elle sera dirigée par la vérité et la conscience.

Les membres du cabinet, tous dévoués au roi, à sa dynastie et à l'ordre politique qui existait depuis 1814, avaient cependant appartenu à des nuances parlementaires différentes.

Or il arriva que, malgré la diversité de ces origines, ils furent, pendant la durée de leur existence ministérielle, étroitement et invariablement unis sur toutes les questions qui se présentèrent, grandes et petites.

Quelle fut la cause de cette cohésion intime, dont nous croyons que les exemples sont assez rares ? La gravité de la situation et le sentiment d'un grand devoir à remplir.

Aux yeux de tous les ministres, il y avait en France des ennemis de la monarchie, peu nombreux, mais habiles et actifs, qui avaient, avec un art perfide, exploité des prétextes pour faire naître les défiances dont nous parlions il n'y a qu'un instant.

Ces prétextes (car il n'y avait rien de plus) le ministère devait, à tout prix, travailler à les faire disparaître.

Une conduite nette, l'exécution complète de toutes les lois, des garanties contre la possibilité des erreurs dans la confection des listes électorales, le respect invariable des droits consacrés par la charte, l'esprit de conciliation, la modération dans les actes et dans les paroles, l'impartialité dans l'exercice du pouvoir administratif, enfin la confection de lois sur l'organisation municipale et départementale, que la France attendait depuis longtemps : tel était le plan que le ministère s'était fait. Il se disait : Devant ces réalités rassurantes, les fantômes ne sauraient manquer de disparaître ; la malveillance n'aura plus le pouvoir de les évoquer ; la France ne se rendra pas l'instrument de l'esprit de parti, jusqu'au point de sacrifier son repos, sa prospérité, son avenir, à des chimères qu'on a bâties sur quelques mesures précédentes, mal interprétées ou inopportunes ; ces chimères seront anéanties par la toute-puissance des faits. La voix des factions criera dans le désert quand les actes du pouvoir ne fourniront plus l'ombre même d'un reproche d'illégalité ni d'une accusation d'arrière-pensée ; et ce pays, où les impressions sont si vives, ne tardera pas à se fatiguer de ces vaines clameurs. En présentant des lois sages, utiles et exemptes de tout ce qui pourrait irriter les esprits, on placera la chambre des députés dans cette alternative, ou de les adopter, et alors l'honneur principal en reviendra au gouvernement, auteur de la proposition, ou de les repousser, et dans ce cas la chambre compromettra sa popularité. Si elle allait jusque-là, on se bornerait à lui soumettre le budget ; et, en admettant qu'elle vînt à le rejeter, elle encourrait un blâme si universel, qu'on pourrait, avec une certitude presque complète de succès, recourir à d'autres élections. Par l'effet de cette conduite mesurée, invariable, inspirée uniquement par l'intérêt du trône et de la nation, éloignée enfin de tout esprit de provocation, l'apaisement doit s'opérer ; les malentendus s'évanouiront ; l'orage ne sera plus qu'un orage de théâtre ; les plus animés, pourvu qu'ils soient de bonne foi, se résigneront à renoncer à leur rôle agressif, pour vivre désormais libres et heureux sous un sceptre paternel. Il ne s'agit pas de recourir à de grandes mesures de gouvernement intérieur ; on exciterait par là des alarmes ; c'est la prudence qui convient dans la situation donnée, parce que le besoin du moment est de calmer les esprits.

C'était ainsi que le ministère comprenait la marche qu'il avait à suivre et qu'il en envisageait les résultats futurs. Était-ce une utopie? Quelques personnes l'on dit. Un plus grand nombre, si nous ne nous trompons, a pensé le contraire. Avant et après la catastrophe de 1830, l'auteur de cet article a entendu répéter de toutes parts que le salut de la monarchie et de la France était attaché à cette politique, exempte de faste, de passion et d'esprit d'aventure. Près de trente années se sont écoulées depuis l'époque dont nous parlons ; nos lecteurs sont presque la postérité ; ils jugeront, nous ne faisons que raconter.

Le rôle de M. Hyde de Neuville, comme membre du cabinet, était d'une grande importance. Dans les délibérations intérieures, il apportait le tribut de sa longue expérience des affaires, de sa parfaite connaissance des hommes et de cet esprit juste et prime-sautier qui allait droit au nœud des questions. Dans les chambres, il avait une consistance acquise par l'ensemble de sa vie, par son honorable attitude parlementaire et par son talent oratoire, qui avait un cachet particulier.

Son excellente administration, comme ministre de la marine, ajoutait encore à son influence. Il n'est pas un marin qui n'ait rendu une éclatante justice à son activité, à son intelligence, à la rectitude de ses vues. De concert avec son habile et honorable collègue M. Decaux, ministre de la guerre, il organisa cette expédition de la Grèce, qui excita en France de si vives sympathies, oubliées maintenant. L'état dans lequel il laissa la flotte facilita pour son successeur les préparatifs de la glorieuse conquête d'Alger.

M. Hyde de Neuville savait faire entendre la vérité au roi, avec cette respectueuse franchise qui n'est pas une des moindres preuves de fidélité. En voici un trait frappant, et qui n'est pas moins à la louange de Charles X que de son ministre de la marine. Celui-ci proposait au roi la nomination de vingt capitaines de vaisseau. Le dernier de ces noms était celui de M. Besson. Charles X prit la plume pour le rayer et lui substituer celui d'un officier auquel il portait intérêt. M. Hyde de Neuville représenta que cet officier avait moins de titres que M. Besson. Le roi persistait et disait : « Mais quels sont donc les titres si décisifs de votre candidat?... — Sire, répliqua M. Hyde de Neuville, il en a, entre autres, un qui sera déterminant pour Votre Majesté, quand elle le connaîtra. En 1815, M. Besson était à Rochefort lorsque Napoléon y arriva après son abdication. Seul de tous les officiers de marine, il offrit à Napoléon de le conduire, dans une barque de pêcheur, mal-

gré la vigilance de la croisière anglaise, à un navire qui l'aurait trans-
porté aux États-Unis... — Ah! s'écria le roi, après un pareil acte de
fidélité, de courage et de dévouement, il n'y a pas d'hésitation possible; je nomme M. Besson. »

On aurait pu appliquer à M. Hyde de Neuville le mot de Mathieu
Molé : « Je vais à la cour, j'y dirai la vérité. »

Aux qualités de l'homme d'État, il joignait celles de l'homme de
bien.

Ce qui précède nous conduit naturellement à exprimer notre opinion
sur un point historique qui, autrefois, aurait pu être délicat à traiter,
mais qui ne l'est plus maintenant qu'un quart de siècle s'est écoulé
depuis la mort de Charles X et que des révolutions successives ont
passé sur le pays. On a prétendu que ce monarque ne prêtait au ministère Martignac qu'un appui incomplet. L'auteur de cet article a vu
les choses de près, et il lui est resté une conviction contraire. Charles X était plein de loyauté et de franchise. Sa conduite fut droite envers ses ministres, comme envers tous les hommes qui ont eu l'honneur de le servir. « Ayez la majorité, disait-il, et je vous soutiendrai ;
si vous la perdez, j'aviserai. » Ces paroles, si nettes, furent pour lui,
pendant la durée de ce ministère, une règle qu'il observa sincèrement.
Mais on sait ce qui arriva dans la Chambre élective : la loi départementale défendue par l'éloquence suave, pénétrante et élevée de M. de
Martignac, et par les efforts réunis de ses collègues, était la mesure
fondamentale du cabinet; un succès ou un échec sur ce point était la
pierre de touche de son influence parlementaire. Dans une des questions importantes de cette loi, la droite de la Chambre, par une tacti-
que imprévue, et que beaucoup de ceux qui y prirent part ont depuis
amèrement regrettée, vota avec la gauche et forma une majorité acci-
dentelle, défavorable à la loi proposée. De là le retrait du projet, et
peu de temps après la formation d'un nouveau ministère.

Sans doute, une autre politique aurait été possible, et on pensa
même généralement alors qu'elle eût été préférable. Le roi aurait pu
conserver son cabinet, qui, à la session suivante, aurait présenté une
seconde fois les lois désirées par le pays; et la chambre, mise en
demeure de se prononcer définitivement, eût été dans la situation que
nous indiquions ci-dessus. Mais on ne saurait méconnaître que la
question était discutable.

M. Hyde de Neuville et ses collègues, exempts, pour eux-mêmes,
de tout regret, virent avec douleur et avec effroi s'allumer, entre la
chambre, livrée, ainsi que les électeurs, à une opposition extrême, et
la couronne, malheureusement conseillée, le conflit qui aboutit au
triste dénoûment de 1830; résultat fatal d'une *politique à outrance*,
pour nous servir d'une expression souvent employée depuis.

A dater de cette époque, M. Hyde de Neuville fut étranger à la vie publique. Il était, comme il aimait à le dire, *le vigneron de l'Étang* : c'était le nom de sa terre. Son cœur aimant se livrait aux affections privées. Il fut cruellement atteint dans la plus chère de ces affections ; en 1850 il perdit cette admirable femme qui avait fait le charme de sa vie. Le temps ne ferma pas cette plaie. Cependant M. Hyde de Neuville trouvait des consolations dans sa religion sincère. Il en trouvait aussi dans l'excellente famille dont il était entouré, dans des amis, fiers de son affection, qui le révéraient comme on révère un monument, et qui le chérissaient comme un modèle de bonté, enfin dans les nombreux services qu'il rendait avec une incomparable ardeur que l'âge ne refroidit jamais. Nous n'avons pas connu d'homme plus chaudement animé du désir d'obliger. Ni soins ni démarches ne lui coûtaient. Sa persévérance et le respect que son caractère inspirait étaient des moyens presque infaillibles de succès. Quelques jours avant sa mort, il dictait encore des lettres pour ses protégés à deux nièces, associées à toutes ses bonnes actions, et qu'il appelait *ses secrétaires intimes*. Son modique revenu était presque entièrement absorbé par d'incroyables bienfaits, qui n'étaient révélés que par l'honorable indiscrétion de ceux qui en étaient l'objet. Dans les années de cherté, ses sacrifices augmentaient avec la misère. Un jour il dit à une pauvre femme qui passait devant lui chargée de bois vert : « Vous vous exposez « à un procès... — Je n'en ai pas peur, monsieur, répondit-elle ; je « l'ai pris chez vous... » Hommage naïf à la charité indulgente de l'homme auquel il était adressé. Les soins donnés aux bonnes œuvres remplissaient ses journées. Il était président de la Société des Sourds-Muets ; et c'est avec attendrissement qu'on a vu à ses obsèques une députation de ces infortunés, dont le visage manifestait, d'une manière frappante, la vénération et la douleur que le reste de la nombreuse assistance exprimait d'une voix émue dans le chemin de la maison mortuaire à l'église. Conformément aux volontés du défunt, ses restes ont été transportés de Paris, où la mort l'avait atteint, à cette terre de l'Étang, qu'il aimait tant et où il était tant aimé. Là une foule immense se pressait autour de sa tombe. La contrée tout entière s'y était rendue. Les pauvres pleuraient un père. Tous ses concitoyens pleuraient un homme dont les grandes qualités avaient été l'honneur de la France entière, mais qui leur appartenait d'une manière plus intime.

La conversation de M. Hyde de Neuville était pleine de charme. Il racontait avec un naturel parfait une multitude de faits intéressants auxquels il avait pris part ou dont il avait été témoin. La noblesse et la bienveillance de ses sentiments coloraient ses paroles et les animaient d'une douce et paisible chaleur. Il ne sortait de sa mansuétude habituelle que lorsque, en sa présence, on attaquait les réputations,

soit avec injustice, soit même avec trop de sévérité ; M. Hyde de Neuville s'en faisait alors l'énergique défenseur. A une époque où beaucoup d'hommes, estimables par leurs intentions, avaient pourtant erré
dans leurs actes, n'était-il pas beau d'entendre la voix patriarcale
d'un vieillard, qui n'avait jamais failli ni varié, s'élever en faveur des
absents pour invoquer tantôt l'équité, tantôt l'indulgence ?

En s'abstenant de toute intervention dans la politique, M. Hyde de
Neuville n'avait pas renoncé à discuter les questions de bienfaisance
et d'humanité. On se rappelle avec quelle supériorité il traita celle de
l'admission des malades dans les hôpitaux. Il était aussi le promoteur
zélé des travaux d'utilité publique dans son voisinage. Inébranlable
dans ses convictions, il n'en dirigeait pas moins ses efforts et ses vœux
vers le bonheur de sa patrie. Son mot habituel était : « Avant tout, le
bien de la France ! »

Hélas ! il n'est plus ; mais son âme est toujours unie aux nôtres par
le lien mystérieux que Dieu a établi entre ce monde et l'autre. Lorsque
la mort frappait un grand citoyen, le paganisme ne trouvait d'autre
mot de consolation que celui-ci : La renommée de ses actions subsiste...
manet fama rerum... C'est là ce que Tacite dit d'Agricola... Le chris-
tianisme, au lieu de nous réduire à cette vaine idée, nous donne la
ferme espérance que notre cher et respectable ami est en possession
de la récompense éternelle, méritée par sa foi sincère, par l'accomplis-
sement magnanime de ses devoirs publics, par ses vertus privées et
par son immense charité envers toutes les souffrances.

www.ingramcontent.com/pod-product-compliance
Lightning Source LLC
Chambersburg PA
CBHW050728070726
47597CB00009B/3841